AF118928

ANGELA HARTFIELD
JOSEPHINE WALL

# DAS

# NATUR
# GEISTER

## ORAKEL

Aus dem Englischen von
Astrid Ogbeiwi

Aquamarin Verlag

7. Auflage 2025
© Aquamarin Verlag GmbH
Voglherd 1 • D-85567 Grafing
www.aquamarin-verlag.de
Kontakt: kontakt@aquamarin-verlag.de

Originaltitel:
*Nature´s Whispers*
Copyright © 2015 Angela Hartfield & Josephine Wall
Published by Blue Angel Publishing®
80 Glen Tower Drive, Glen Waverley,
Victoria, Australia 3150
Text © 2015 Angela Hartfield
Artwork © 2015 Josephine Wall


Printed by Replika Press, India
ISBN: 978-3-89427-695-9

Schau ganz tief in die Natur,
und dann verstehst Du alles besser.

*Albert Einstein*

# INHALT

# EINFÜHRUNG

Die Natur lockt uns immerzu in ihre Arme – im Ruf der Vögel, im Murmeln der Bäche und Flüsse, im Wohlgeruch der Blüten und im Flüstern der Bäume, wenn der Wind durch ihre Zweige streicht. Mit diesem Kartendeck winkt die Natur dich zu sich: Komme tief hinein in die Welt der Schönheit, der Stille und der inneren Ruhe und erlebe eine Atempause, die dein ganzes Wesen stärkt und dich mit neuer Kraft erfüllt. Folge dem Beispiel von Mutter Natur und beschenke dich selbst mit der Verbindung zur allgegenwärtigen Weisheit unter freiem Himmel. Die Zeit dehnt sich dann förmlich ins Unendliche, und aller Stress und alle Sorgen fallen von dir ab. Du wirst erfüllt von schöpferischer und reinigender Energie. Spüre, wie in deinem Geist, in deiner Seele und sogar in deinem Körper Heilung geschieht. Sobald du deine Seele in diese Wirklichkeit eintauchen lässt, fragst du dich unweigerlich, warum du je fortgegangen bist oder warum du dir dies nicht öfter gönnst. Dein Herz wird weit, du spürst die Liebe wieder, und die erneute Verbindung zum inneren Frieden durchströmt deinen ganzen Körper. Die Natur flüstert dir zu – du brauchst ihrem Ruf nur zu folgen.

Unsere frühesten Vorfahren waren tief mit der Natur verbunden und lebten im Einklang mit ihr. Im Laufe der Jahrhunderte hat sich diese Beziehung zur Natur weiterentwickelt, aber noch bis vor relativ kurzer Zeit spielte sie in unserem Leben eine tragende Rolle. Mit dem Beginn des „technischen Zeitalters" ist eine gewisse Entfremdung zwischen uns und der Natur eingetreten – wir sind nicht mehr im Kontakt mit dem, was sie uns zu bieten hat: Mit ihrer Schönheit, ihrer umfassenden Heilung und ihrem tiefen Frieden. Doch in unserem Inneren lebt noch immer eine Sehnsucht nach der Verbindung mit der Natur. Heute müssen wir uns Zeit dafür nehmen, diesem Bedürfnis nachzukommen, und wir müssen Gelegenheiten schaffen, damit wir das Gute ernten können, das der Aufenthalt in freier Natur für uns bereithält.

Alles Lebendige auf dieser Erde ist miteinander verbunden – und zwar deshalb, weil alles in der Natur beseelt ist. Gleich ob Pflanze, Tier oder Element, alles ist mit einem eigenen Geist begabt. Dieser Geist, der uns und allem in der Natur innewohnt, ist im Grunde *ein* Geist, und dies erzeugt eine starke Verbindung. Die Natur ist voller Zauber, Fantasie, Chancen, Möglichkeiten, Heilung und Abenteuer.

Die Botschaften der Natur sind umfassend und kommen in vielerlei Gestalt. Ob es eines der vier Elemente ist – Wind, Wasser, Feuer, Erde – oder ein Bewohner der Natur, mit oder ohne einen Leib. Ob Schmetterlinge, Blumen, Bäume oder vielleicht sogar Elfen – diese Geistwesen freuen sich, uns ihre Weisheit, ihre Heilkräfte und ihre Liebe schenken zu dürfen, wenn wir uns nur einen Augenblick Zeit gewähren, dieses große Geschenk anzunehmen.

# ÜBER DIESES ANLEITUNGSBUCH

In diesem Anleitungsbüchlein findest du die allgemeine Bedeutung jeder Karte deines Naturgeister-Orakels.

Die Karten werden in numerischer Reihenfolge aufgeführt.

Schaue im Inhaltsverzeichnis nach, auf welcher Seite du Angaben über die Bedeutung der Karte findest, die du gezogen hast. Denke beim Lesen darüber nach, inwiefern diese Karte zu deiner Situation oder zu der Frage passt, die du gestellt hast. Achte dabei auf dein „Bauchgefühl" oder auf Gedanken, die dir kommen, denn auch sie können dir Hinweise auf die Bedeutung geben, welche die Karte für dich ganz persönlich hat. Betrachte sorgfältig die ganze Karte: *Springen* dir einzelne Aspekte des Bildes förmlich ins Auge, scheinen sie zu leuchten oder wirken sie besonders hervorgehoben?

Das Naturgeister-Orakel möchte dir helfen, dein Leben in Beziehung zur Natur und den in ihr vorhandenen Energien mit liebevolleren Augen zu betrachten.

## ZUM UMGANG MIT DEINEM
## NATURGEISTER-ORAKEL

Orakel-Karten sind ein uraltes Instrument zur Verbindung mit dem, was das Universum uns sagen will. Diese Karten sind ungefährlich, geschaffen in höchster und bester Absicht. Sei dir stets bewusst, dass es deine Karten sind. Niemand außer dir sollte sie anfassen. Die Botschaften, die du anziehen wirst, sind für dich bestimmt und beruhen auf dem Gesetz der Anziehung.

Die Karten, die du ziehst, entsprechen deiner energetischen Schwingung in diesem Augenblick. Es kann sein, dass du mehrmals hintereinander dieselbe Karte erhältst. Dann weißt du, dass ihre Botschaft genau dem entspricht, was du zu diesem bestimmten Zeitpunkt wissen musst.

Karten sind gute Helfer, weil sie eine direkte Verbindung zwischen dir und dem Wissen darstellen, das dir jetzt gerade gut tut. Wenn du dich momentan in einer belastenden Lebensphase befindest, können die Karten dir helfen zu entdecken, in welchen Bereichen du die Liebe der Natur stärker in dein Leben einfließen lassen kannst. Dies schenkt dir mehr Ruhe und Gelassenheit. Mithilfe der Karten wirst du neue Möglichkeiten kennenlernen, wie du dir selbst und deinen Freunden positive Botschaften aus der Natur zukommen lassen kannst.

# DIE ANWENDUNG DEINES
# NATURGEISTER-ORAKELS
# SCHRITT FÜR SCHRITT

## Reinige deine Karten

Du musst wissen, dass deine Karten für Schwingungen empfänglich sind und im Laufe des Herstellungsprozesses Energien aufgenommen haben können. Damit sichergestellt ist, dass du die Informationen, die du suchst, auch erhalten kannst, solltest du deine Karten reinigen.

Halte dazu deine Karten in deiner nicht dominanten Hand, also in der Hand, mit der du nicht schreibst. Mache dich allmählich mit deinen Naturgeister-Orakel-Karten vertraut. Betrachte sie Karte für Karte nacheinander und mische dann das Deck mehrmals gründlich durch.

Dies ist Teil der persönlichen Initialisierung, mit der du deine Energie auf die Karten überträgst. Dabei lernst du deine Karten kennen und entwickelst einen Bezug zu ihnen.

Nutze und deute die Karten so, wie es dir am besten entspricht. Schlage im Anleitungsbüchlein nach, ob die Botschaft dir sagt, was du wissen musst. Aber mache dich nicht davon abhängig. Vertraue vielmehr auf dein eigenes Empfinden. Jede Karte bedeutet für dich etwas ganz Bestimmtes – wenn du für jemand anderen die Karten legst, kann sie hingegen eine vollkommen andere Bedeutung haben. Nimm dir die Zeit, tief in die komplexe Bilderwelt von Josephine Walls Kunst einzutauchen. Schon bald wirst du deine Intuition mit dem Wissen der Karten und den Botschaften aus der Natur zu deiner ganz persönlichen Deutung verbinden.

Lasse dir dein Naturgeister-Orakel heilig sein. Manche Menschen wickeln ihre Karten in ein Seidentuch ein oder bewahren sie in einer besonderen Schachtel auf. Behandele deine Karten mit Achtung und Liebe.

### Bereite dich auf das Kartenlegen vor

Wenn du innerlich eingestimmt bist, dann hole deine Karten hervor. Halte sie in Händen, schließe die Augen und zentriere dich. Erde dich, indem du ein paar Mal tief durchatmest und dabei alle anderen Gedanken hinter dir lässt. Mische die Karten, um deine Energie auf sie zu übertragen.

### Stelle eine Frage

Wenn du deine Karten mehrfach gemischt hast, dann denke an eine Frage, zu der du gerne die Wahrheit erfahren möchtest. Wenn du die Karten für jemand anderen legst, dann bitte dein Gegenüber, in Gedanken eine Frage zu stellen oder sie laut auszusprechen. Vertraue darauf, dass du die Frage nicht zu hören brauchst, um eine Karte zu ziehen, die ihm oder ihr die richtige Antwort gibt.

## Mische die Karten

Sobald du die Frage gestellt hast, mische die Karten noch einmal und achte darauf, welche Gefühle in dir aufsteigen. Vielleicht kommen dir Gedanken, womöglich hörst du Geräusche oder es steigen vor deinem inneren Auge Bilder auf, die mit der Frage, die dich beschäftigt, in Zusammenhang stehen. Beende das Mischen, sobald du spürst, dass der richtige Zeitpunkt gekommen ist. Du erkennst dies daran, dass die Karten sich anders anfühlen oder ein innerer Impuls dir bedeutet aufzuhören. Sorge dich nicht, dass du etwas falsch machen könntest. Du wirst genau dann mit dem Mischen aufhören, wenn es für dich richtig ist.

## Ziehe eine Karte

Um zu erfahren, welche Botschaft die Karten für dich haben, kannst du entweder die oberste Karte auf dem Stapel abheben oder den Stapel in zwei Hälften teilen und die Karte ziehen, die in der Mitte liegt.

Wenn du eine Karte gezogen hast, nimm dir Zeit, das Bild zu betrachten. Achte auf alle Gedanken oder Eindrücke, die beim Anschauen der Karte in dir aufsteigen. Dann erst schlage die Bedeutung der Karte in diesem Anleitungsbüchlein nach. Lasse zu, dass du die Liebe und die Hinweise der Karte in dich aufnehmen kannst.

Bei allen Lege-Systemen ist die Beziehung der Karten zueinander wichtig. Achte bei der Deutung auf die Verbindungen. Wie viele Karten zeigen die gleichen Elemente? Gibt es einen roten Faden oder ein gemeinsames Motiv? Achte auf die Jahreszeit, die auf der Karte dargestellt ist, denn sie kann etwas darüber aussagen, wann ein Ereignis eintreten wird.

## WEITERE LEGESYSTEME FÜR DEINE NATURGEISTER-ORAKELKARTEN

### Tageskarte

Mische die Karten und bitte um eine Botschaft für den Tag oder frage, woran du heute besonders denken sollst. Dann ziehe eine Karte.

### Drei-Karten-Bild

| | | |
|:-:|:-:|:-:|
| 1 | 2 | 3 |

Hebe nach den weiter oben erklärten vorbereitenden Schritten die drei obersten Karten vom Stapel ab. Lege die erste

Karte links von dir, die zweite in die Mitte und die dritte rechts von dir aus. Die Bilder und Texte zeigen dabei nach unten. Drehe nun die Karten nacheinander um.

Die linke Karte (Karte 1) sagt dir etwas über die Vergangenheit (das, was sich bis zu diesem Moment ereignet hat) oder darüber, an welcher Lektion du gearbeitet hast.

Die mittlere Karte (Karte 2) enthält Angaben zu deiner jetzigen Situation, darüber, was du gerade lernst oder wissen solltest.

Die rechte Karte (Karte 3) zeigt, was in nächster Zukunft (im Zeitraum bis zu drei Monaten) auf dich zukommt. Sie kann auch zeigen, was du tun musst, damit eintreten kann, was du dir wünschst.

### Beziehungsbild

Dieses Legesystem vermittelt dir einen ersten Einblick in deine Beziehung zu einem anderen Menschen, gleich ob dieser „jemand" nun deine Chefin, dein Partner, deine Freundin, ein Bruder/eine Schwester oder ein Elternteil ist.

**Karte 1:** Du und das, was du hier und jetzt zur Beziehung beiträgst.

**Karte 2:** Der andere Mensch und das, was er in die Beziehung einbringt.

**Karte 3:** Die Kombination eurer Energien.

**Karte 4:** Die Erkenntnis oder der Rat zu der Situation.

## 1. DU HAST EINEN WUNSCH FREI

Als Kind hat dir vielleicht jemand gesagt, dass du dir etwas wünschen darfst, wenn du die Schirmchen einer Pusteblume wegbläst. Der Wind trägt die kleinen Samen fort, und dein Wunsch geht in Erfüllung. Diese Karte erinnert dich freundlich daran, klare Intentionen zu entwickeln, was du dir im Leben wünschst. Sie fragt dich, was du gerne möchtest. In diesem Moment ist alles möglich. Wenn du einen Wunsch frei hättest, was würdest du dir wünschen? Vertraue darauf, dass dein Wunsch in Erfüllung geht – zu dem Zeitpunkt und in der Form, die für dich am besten sind.

## 2. ERHELLENDES LICHT

So wie der Vollmond mit seinem Licht unsere Welt erhellt, wird auch dir gezeigt, dass es Hoffnung und Führung für dich gibt. Glaube daran. Allein dadurch, dass du am Glauben an dich selbst festhältst, pflanzt du den Samen der Manifestation in deinem Leben ein. Diese Karte bittet dich, alle Sorgen oder Ängste, die du vielleicht hegst, loszulassen. Die Klarheit, die du dir wünschst, ist bereits da. Jetzt fehlt dir nur noch etwas, worauf du deinen Glauben setzen kannst. Vertraue deshalb auf dich, auf deine Unterstützung und auf das Göttliche. In schwierigen Zeiten wirst du Hilfe erhalten. Dies kann auch Inspiration und eine neue Liebe bedeuten. Es fällt Licht auf verborgene Schätze oder Überraschungen.

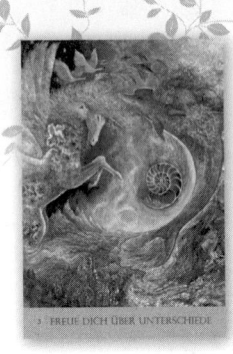

3. FREUE DICH ÜBER UNTERSCHIEDE

# 3. FREUE DICH ÜBER UNTERSCHIEDE

Du weißt, dass es zu allem im Leben ein Gegenteil gibt. Sogar in dir selbst gibt es Polaritäten: weiblich/männlich, hoch/nieder, gut/schlecht, hell/dunkel. Die Unterschiede zwischen uns machen uns einzigartig. Wir kommen alle aus demselben Kollektiv und tragen alle das Licht der inneren Seele in uns. Je mehr wir im Leben lernen und in unserem Denken und unserer Haltung wachsen, desto mehr Verständnis und Mitgefühl können wir entwickeln. Nimm dir einen Augenblick Zeit, um bei einem anderen bewusst das zu schätzen, was er oder sie mit dir gemeinsam hat, und entdecke, was du aus dieser Situation lernen kannst.

# 4. INNEHALTEN

Nimm dir einen Augenblick Zeit, um in Ruhe festzustellen, was gerade wirklich vor sich geht. Du möchtest die Oberhand behalten und lässt viele wunderbare Segnungen für dich nicht zu. Gib dir die Chance, auf die Sonnenseite des Lebens zu gelangen. Diese neuen Aussichten hast du wahrhaft verdient. Widerstand kann unnötige Blockaden erzeugen. Störungen können durch viele verschiedene Energien verursacht werden, auch durch deine eigene Einstellung, durch andere Menschen, durch das Wetter und so weiter. Schaffe dir eine Möglichkeit, dich zu sammeln und das Bedürfnis loszuwerden, gegen die momentanen Ereignisse anzukämpfen, denn das ist pure Energieverschwendung. Beschäftige dich mit etwas anderem und warte ab, bis die anstehende Aufgabe flüssiger erledigt werden kann. Die Bereitschaft, Neues auszuprobieren – mehr brauchst du nicht, um etwas Wunderbares zu schaffen.

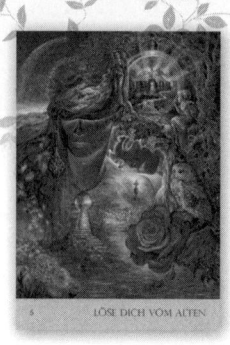

LÖSE DICH VOM ALTEN

# 5. LÖSE DICH VOM ALTEN

Alles, was du jetzt erlebst, hast du durch frühere Gedanken und Gefühle selbst erschaffen. Im Moment hat es dich zwar eingeholt, aber du kannst es loslassen und beginnen, von einer neuen Wirklichkeit zu träumen. Lasse alle seine Aspekte, die dir nicht mehr dienen oder zu nichts mehr führen, los. Lasse los, was in der Vergangenheit schiefgelaufen ist. Lasse auch allen materiellen Besitz los, der dem neuen Traum, den du nun erschaffen möchtest, im Wege steht. Du sollst wissen, dass du genau da, wo du jetzt stehst, etwas Neues erschaffen und noch einmal von vorne beginnen kannst.

# 6. DAS GROSSE GANZE

Es geschieht so viel mehr, als dir bewusst ist. Wenn wir verkopfen und alle Eventualitäten berücksichtigen wollen, verpassen wir vieles, was in der Welt um uns herum vor sich geht. Womöglich versuchst du gerade, alles bis ins Kleinste zu regeln und verrennst dich in Einzelheiten. Versuche, die Dinge aus verschiedenen Blickwinkeln zu betrachten. Wenn du gerade mit einem Problem oder einer schwierigen Situation ringst, dann kann diese Karte bedeuten, dass du eine Lösung findest, wenn du einen Schritt zurücktrittst und das Ganze aus einer größeren Perspektive oder mit den Augen eines anderen betrachtest.

## 7. LASSE DEINE POSITIVEN GEFÜHLE KREISE ZIEHEN

Von dir geht ein energetischer Welleneffekt aus. Sei positiv. Schon wenn du einfach fröhlich bleibst und diese Fröhlichkeit aus deinem Herzen aussendest, tut dies allen Menschen in deiner Umgebung gut. Wenn du deine Motive und Haltungen veränderst, strömt diese Energie in konzentrischen Kreisen aus dir heraus. Dies hat wiederum Auswirkungen auf alle deine Wünsche und Überzeugungen. Es kann dir Glück bringen und alle Ereignisse in deinem Leben günstig beeinflussen. Da Kreise auch ein Symbol für Zyklen sind, will dir diese Karte sagen, dass du ständig in Zyklen ein- und wieder aus ihnen heraustrittst. Dabei wächst du innerlich und veränderst dich. Mit jedem Ende kommt ein neuer Anfang. Vertraue darauf, dass die positive Energie, die du ausstrahlst, das anzieht, was du dir wünschst.

## 8. DURCHBRUCH

Sei zuversichtlich, dass alles gut ausgeht. So wie ein Keimling durch den Boden dringt, wirst auch du erleben, dass etwas hervorbricht. Der Lohn deiner Mühen wird sich zeigen, und du wirst sehen, dass die viele Arbeit und Zeit, die du investiert hast, etwas gebracht haben. Zähle deine Segnungen! Du bist mit einer kreativen Ader begabt und hast die Fähigkeit, Neues und Wunderbares zu erschaffen. Halte einen Moment inne, genieße, was du erreicht hast, und sei stolz auf Dich.

DIE IDEALEN UMSTÄNDE

## 9. DIE IDEALEN UMSTÄNDE

Wenn du ein Ziel oder eine Vision hast, dann achte darauf, die richtige Umgebung zu schaffen, in der dieser Traum wachsen und gedeihen kann. Positive Selbstgespräche, Affirmationen, ein freundlicher Umgang mit dir selbst, Freude über deine Talente und Erfolge – all dies schafft einen fruchtbaren Boden, in dem deine Träume Wurzeln schlagen und gedeihen können. Wenn du allerdings zu sehr drängst, kann dies den harmonischen Fortgang deiner Entwicklung behindern. Vertraue dem Prozess, entspanne dich und lasse der Natur ihren Lauf. Ein Ziel zu erreichen, erfordert Glaube und positive Unterstützung. Halte dir stets vor Augen: Die Natur lässt Wachstum und Blüte zwar mühelos erscheinen, doch das Geheimnis liegt in den Details – Standort, Sonne, Boden, Luft, Wasser und Nährstoffe. Sorge dafür, dass du alle notwendigen Schritte unternimmst, um die ideale Umgebung für dich zu schaffen.

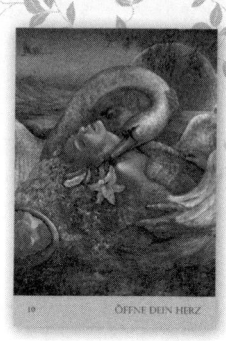

ÖFFNE DEIN HERZ

## 10. ÖFFNE DEIN HERZ

Die Wahrheit hinter unserer Erde, hinter Natur und Umwelt ist die Liebe. Es ist die ewige Liebe, die keine Ansprüche stellt, keine Erwartungen hegt und uns keine Grenzen oder Bedingungen auferlegt. Diese tiefstmögliche Liebe kann jeder Mensch erfahren, wenn er nur bereit ist, sich zu öffnen. Liebe kann und wird in dein Herz strömen, aber nur, wenn du es zulässt. Sie verändert deine Wahrnehmung und nährt dich, sie gibt dir Halt und sogar die Kraft, schwere Zeiten zu überstehen. Halte einen Augenblick inne, öffne dein Herz und lasse zu, dass die Liebe dir Freude, Gelassenheit, neue Energie, Leidenschaft und vollkommenes, unerschöpfliches Glück schenkt.

## 11. TRIFF EINE ENTSCHEIDUNG

Deine Entschlossenheit leuchtet zurzeit förmlich. Dein Geist unterstützt deine Wünsche und Manifestationen. Die Fähigkeit zu erschaffen oder zu zerstören, gehört seit jeher zu deiner inneren Grundausstattung. Du besitzt die notwendige Weisheit und das Selbstvertrauen, um diese Fähigkeit konstruktiv einzusetzen. Wenn du weißt, was du erreichen willst und warum, dann ist es jetzt an der Zeit zu handeln. Nun, da dir die Kräfte der Transformation zur Verfügung stehen, lasse aus deinen Wünschen Ziele werden, aus deinen Gedanken Taten, aus deinen Zielen Erfolge. Wenn du gerade erst mit einem Vorhaben gescheitert bist, dann sollst du wissen, dass du dieses Scheitern in einen Erfolg verwandeln kannst. Es gibt für dich nur die Grenzen, die du dir selbst auferlegst.

12

ERWEITERUNG

## 12. ERWEITERUNG

Du bist in deinem Leben ständig in Bewegung, entwickelst dich weiter und durchläufst Zyklen. Stimme dich auf die Rhythmen der Natur in deiner Umgebung ein und schließe dich ihnen an. Dies sind spannende Zeiten: Neuanfänge, Wachstum und Veränderung finden statt. Es treten viele Umstände ein, die für deine innere Entwicklung sorgen und deinen Horizont erweitern. Achte darauf, was um dich herum vor sich geht und wie es sich auf dich auswirkt. Beschäftige dich mit Umweltthemen oder nutze diese als Gelegenheit, etwas Neues zu lernen. Es ist gut, wenn du dir zugestehst, dass du mehr Ruhe benötigst und besser für dich sorgen musst, während du neue Energien integrierst, damit du bereit bist für wichtige Botschaften und offen für neue Chancen. Wie die Natur, hast auch du Jahreszeiten des Wachstums und der Reife.

ZUR RUHE KOMMEN

# 13. ZUR RUHE KOMMEN

Es ist wichtig, dass du mit allen Aspekten deines Lebens im Einklang schwingst – auf mentaler, emotionaler, körperlicher und spiritueller Ebene. Wenn du dir keine Zeit für dich selbst zugestehst, kann es im Alltag öfter zu innerer Unausgeglichenheit kommen. Dabei spielt es keine Rolle, ob diese Unausgeglichenheit negativ ist oder nicht. Auch wenn du so optimistisch bist, dass du dich für unbesiegbar hältst, kannst du damit Herausforderungen heraufbeschwören. Ausgeglichenheit erlangst du am besten, indem du auf deinen Körper hörst. Gönne dir Zeit für dich. Lasse zu, dass deine innere Kraft heilt und wieder zur Ruhe kommt. Dies wird dir helfen und dich stärker machen.

## 14. RÜCKENSTÄRKUNG

Bleibe standhaft und sei versichert, dass du genau das tust, was du tun sollst. Vielleicht kannst du sogar schon erste Anzeichen dafür erkennen, dass die Dinge, Situationen und Wünsche allmählich Gestalt annehmen. Deine Konzentration und deine Fähigkeiten sind gut. In beruflichen Bereichen fühlst du dich motiviert, daher kommst du bei deiner Arbeit gut voran. Es eröffnen sich dir neue Möglichkeiten, mit etwas umzugehen. Unerwartete Perspektiven tun sich auf. Infolgedessen stehen die Zeichen in deinem Leben auf Harmonie und Ausgeglichenheit. Vertraue dir. Du hast alles, was du brauchst.

## 15. ATEMHOLEN

Lege eine Pause ein und gönne dir eine Zeit der Ruhe. Du kannst diese Zeit nutzen, um dich zu sammeln, zu erholen und zu stabilisieren. Es ist klug, wenn du dir dabei vor Augen führst, dass diese Zeit begrenzt ist. Du hältst inne, um wieder Tritt zu fassen. Prüfe deine Umgebung und überlege, ob du mit jemandem irgendwelche Feindseligkeiten klären solltest. Bitte um Vergebung und sei auch selbst bereit zu vergeben, wo dies notwendig ist, damit du wieder nach vorne schauen kannst. Genieße diese Auszeit. Sei dir bewusst, wie wichtig es ist, wieder zu Kräften zu kommen, damit du das Leben mit neuer Energie anpacken und aufkommende Herausforderungen meistern kannst.

## 16. INNERE SCHÄTZE

Deine Gefühle haben große Tiefe. Du bist dabei, deine Gefühle und Wünsche klarer zu verstehen. Schon bald werden
sich dir die nächsten Schritte auf deinem Weg zeigen. Halte
wachsam Ausschau nach neuen Chancen, die zum Beginn
neuer Projekte führen oder dir bei deinem jetzigen Unterfan-
gen helfen können. Schaue um dich und schaue in dich. Sei
bereit, auf der allertiefsten Ebene zu arbeiten, und du wirst
entdecken, dass dort ein Juwel an Weisheit und Wissen sowie
die innere Stimme nur darauf warten, dir helfen zu dürfen.
Die Edelsteine der Natur werden tief im Inneren der Erde
erschaffen. Gehe in die Tiefe und finde deinen Schatz.

ENDLOSE SEGNUNGEN

## 17. ENDLOSE SEGNUNGEN

Öffne dein Herz und deine Welt für die unermesslichen Geschenke aus der Natur. Du bist umgeben von liebevoller Energie. Von der höchsten Ebene ergießt sich Liebe über dich und dein Leben. Zähle deine Segnungen und denke immer daran, dass überall um dich herum Liebe ist. Schenke diesen Wundern und Segnungen Beachtung, wenn sie sich auf unerwartete Weise, aber stets zum günstigsten Zeitpunkt, zeigen. Auch wenn dein Leben nicht ganz so verläuft, wie du es dir vorgestellt hast, habe stets ein offenes Auge für deine Wunder.

## 18. NEUE ERFAHRUNGEN UND MÖGLICHKEITEN

Schaue dich in der Natur um. Achte auf die Neuanfänge, die neuen Erfahrungen und Möglichkeiten, die sich dir zeigen. Du kannst sie nur erkennen, wenn du dir die Zeit nimmst, nach diesen stillen Botschaften Ausschau zu halten. Du machst deine ersten Schritte auf einem neuen Weg. Vor dir liegt eine leere Seite – welche Worte möchtest du als erste darauf schreiben? Du hast endlos viele Möglichkeiten. Du hast dein Leben vollkommen selbst in der Hand. Dies ist ein Neuanfang auf deinem Lebensweg. Lebe in der Gegenwart und vertraue deinen Fähigkeiten. Bringe deine Saat aus und betrete bereitwillig neues Terrain.

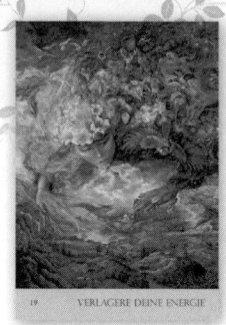

19     VERLAGERE DEINE ENERGIE

## 19. VERLAGERE DEINE ENERGIE

Halte deine Energie, die Energie deiner Mitmenschen und die Energie deiner Umwelt sorgfältig auseinander. Der Wind der Veränderung bläst in dein Bewusstsein. Beginne einen Erneuerungsprozess, um dich darauf vorzubereiten, was vor dir liegt. Zu diesem Prozess kann auch gehören, dich von Altem zu trennen, das in deinem Leben nicht mehr sinnvoll ist. Ebenso kann es bedeuten, alte Gewohnheiten und Muster zu ändern, die du nun aufgeben möchtest. Wenn du zum Beispiel versuchst, übermäßige Zuckermengen aus deiner Ernährung zu streichen, könntest du stark gezuckerte Lebensmittel aktiv meiden. Betrachte dies als eine Zeit des Ablösens, was dir mit Leichtigkeit und Anmut gelingt.

VON HÖHERER WARTE

## 20. VON HÖHERER WARTE

Hebe deine Gedanken, Gefühle und Ansichten auf eine neue Perspektive. Verschaffe dir einen Überblick darüber, was gerade vor sich geht. Durch einen einfachen Perspektivenwechsel wirst du die gesamte Situation in einem klareren Licht erkennen können. Womöglich eröffnet sich dir ein anderer Weg. Dann kannst du dich auf das konzentrieren, was dir am wichtigsten ist. Versuche ganz bewusst, die Situation von oben zu betrachten. Wenn es im Augenblick in deinem Leben nichts Dringliches gibt, dann überlege, ob noch etwas aus der Vergangenheit ungelöst ist. Stelle dir auch dabei wieder vor, dass du die Sache von oben betrachtest – in der Absicht, sie zu heilen. Sobald du die Dinge von höherer Warte aus sehen kannst, spürst du wahrscheinlich, wie dich eine tiefe innere Ruhe überkommt – welch schönes Ergebnis!

21. EINE NEUE HALTUNG

Es ist an der Zeit, eingefahrene Gleise zu verlassen und über-
kommene Verhaltensweisen abzulegen. Du stehst vor der
Herausforderung, etwas Neues auszuprobieren. Überlege,
wie du deiner Welt ein wenig Zauber einhauchen kannst. Tue
dies in der Absicht, Freude und Glück in dein Leben zu bringen. Erfülle deine Wünsche und experimentiere dabei mit
neuen Tätigkeiten. Du hast immer mehrere Möglichkeiten.
Fühle dich nicht eingeschränkt. Selbst wenn du dich nicht
von der Stelle rührst, triffst du eine Wahl. Du bist jetzt auf-
gefordert, dich zu entscheiden. Sorge dich nicht, deine Wahl
könnte die falsche sein. Jeder Fehler schenkt uns Lektionen
und Chancen. Du kannst unermesslich viel lernen. Stütze
deine Entscheidung auf die Liebe und auf das, was für dich
am besten ist. Stelle dir vor, dass „Scheitern" bei keiner deiner
Entscheidungen vorgesehen ist. Was wählst du?

22  DER SPRUNG INS UNGEWISSE

## 22. DER SPRUNG INS UNGEWISSE

Betrachte dies als Chance, etwas Wunderbares zu erschaffen. Du befindest dich in einer Übergangsphase, in der du auf deinen Glauben, deine Intuition und dein Wissen bauen und den Sprung ins Ungewisse wagen musst. Du wirst nicht scheitern – denn unter dir ist ein Sicherheitsnetz gespannt, das dich trägt. Du wirst deine Angst überwinden und feststellen, dass sich am Horizont etwas Schönes abzeichnet. Dieser vertrauensvolle Sprung ins Ungewisse ist im Moment das Beste, was du tun kannst. Wenn du einen Fehler machst, kannst du es noch einmal versuchen und aus dem lernen, was beim ersten Mal nicht gut gelaufen ist. Alle Zeichen sprechen dafür, dass es dir gelingen wird, wenn du nur Vertrauen hast. Springe kopfüber ins Ungewisse. Selbst wenn du am Ende abstürzt, wirst du doch eine Zeit lang frei wie ein Vogel fliegen.

## 23. DU BIST ES WERT

Du kannst andere nur dann akzeptieren, achten und wert-schätzen, wenn du dich selbst akzeptierst, achtest und wert-schätzt. Nimm Lob und Anerkennung an, wenn man sie dir spendet. Wenn du Annehmen lernst, kann sich dein wahres Potenzial zu voller Blüte entfalten. Du weißt um deinen Wert, und dieses Licht strahlt auf andere ab. Wenn du dich in diesem Licht betrachtest, dann können die anderen gar nicht anders, als auf dein persönliches Selbstwertempfinden einzugehen. Wenn du dich jeden Tag um ein bisschen mehr Selbstliebe bemühst, wirst du feststellen, dass dir neue Ener-gie zuwächst. Es ist in Ordnung, sich aus Beziehungen zu lösen, die dich schwächen oder dich verletzen. Freue dich da-ran, wer du bist, und liebe dich.

MACHE IMMER
DAS BESTE AUS DIR

## 24. MACHE IMMER DAS BESTE AUS DIR

Gehe einmal in dich – wie fühlst du dich in diesem Augenblick? Bist du der Mensch, der du gerne sein möchtest? Denke daran, dass du selbst bestimmst, wie du dich fühlst. Du entscheidest dich permanent, wie du dich fühlen willst. Es ist verständlich – wir sind alle bloß Menschen, und es gibt Zeiten, in denen wir uns nicht hundertprozentig fühlen. Du hast diese Karte gezogen, damit sie dich daran erinnert, gerade jetzt Zugang zur höchsten Gefühlsebene zu suchen. Gib dich nicht mit weniger zufrieden, als du verdient hast. Tue dein Äußerstes, um mehr zu erreichen, mehr zu lieben und das Beste aus dir zu machen.

LASSE DEINE TRÄUME
WAHR WERDEN

# 25. LASSE DEINE TRÄUME WAHR WERDEN

Schmiede Pläne und überlege, wie du vorgehen kannst, um deine Träume und Ziele zu verwirklichen. Deine Träume können wahr werden. Dies ist eine Zeit, in der du in der Lage sein musst, detaillierte Planungen umzusetzen, um deine Träume Wirklichkeit werden zu lassen und deine Ziele in die Realität umzusetzen. Du musst jetzt pragmatisch sein. Stehe mit beiden Beinen fest auf der Erde. Neue Ideen und Konzepte können einen nur allzu leicht ablenken. Halte dich an das, was realistisch und erreichbar ist. Dein gesunder Menschenverstand und deine pragmatische Haltung werden dir eine Lösung aufzeigen, die tatsächlich machbar ist. Unternimm erste Schritte, die dich deinen Träumen näher bringen.

## 26. BLEIBE DIR SELBER TREU

Wenn du jetzt eine Entscheidung triffst, dann stütze sie auf die Energien der Harmonie und der Einheit. In der momentanen Situation kommt die beste Unterstützung von deiner Intuition und nicht vom Verstand. Vielleicht müssen schwierige Entscheidungen getroffen werden, bei denen es nicht unbedingt um die Liebe geht. Werde dir klar darüber, was dich interessiert, was deine Aufmerksamkeit auf sich zieht, was deine Fantasie anregt und die Leidenschaft in dir weckt. Lasse dich nicht davon überzeugen, was andere denken oder sagen, sondern ignoriere es nach Kräften. Vertraue dir und lasse dich nicht umstimmen.

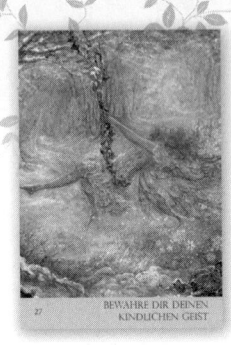

27

BEWAHRE DIR DEINEN
KINDLICHEN GEIST

## 27. BEWAHRE DIR
## DEINEN KINDLICHEN GEIST

Die Natur enthält alle Aspekte des Lichtes. Es ist dasselbe Licht, das auch Kinder ausstrahlen, solange sie mit dem Zauber der Welt und der Natur noch im Kontakt sind. Entdecke die Unschuld deines Kindheitslichtes in dir und verbinde dich wieder mit ihm. Dieses Licht steht für deine Stärke und trägt die Erinnerung an vollkommenes Vertrauen, Furchtlosigkeit vor anderen und völlige Selbstgewissheit in sich. Es lässt dich die Welt mit den Augen eines Kindes sehen. Du freust dich darauf, jeden Tag etwas Neues zu lernen. Um wie viel glücklicher wäre unsere Welt, wenn alle Menschen sich wieder mit ihrem reinsten Wesen verbänden!

REICHE ERNTE

# 28. REICHE ERNTE

Du hast Zugang zur unerschöpflichen Quelle der Liebe und der Unterstützung, die Mutter Erde und das Universum zur Verfügung stellen. Es gibt keine Anforderungen, Voraussetzungen oder Bedingungen, die deinen Zugang zu diesem Vorrat beschränken könnten. Die Karte ruft dir dies auf wunderbare Weise in Erinnerung, und sie sagt die absolute Wahrheit über die Fülle, die dir zur Verfügung steht. Gib deiner Fülle Gelegenheit, sich in dein Leben zu ergießen. Dies wird deine Sicht der Dinge verändern. Es wird dich stärken und nähren. Diese Phase hält Fülle und Fruchtbarkeit in überreichem Maße für dich bereit. Du hast Glück und bist reich gesegnet.

## 29. KONTEMPLATION

Genieße es, mit dir allein zu sein. Du kannst die Dinge gerade wunderbar neu ordnen und überlegen, was dir im Leben am meisten Freude bereitet. Gönne dir regelmäßig ein wenig Zeit, in der deine Gedanken von den alltäglichen Angelegenheiten, die dich in Anspruch nehmen, abwandern dürfen. Gib dir Gelegenheit zur Inspiration. Sinne über deine innere Stimme nach und höre auf deinen eigenen Rat.

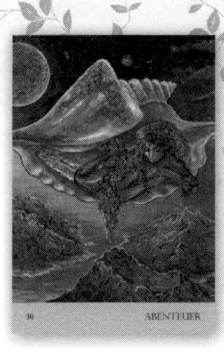

## 30. ABENTEUER

Jetzt ist eine ausgezeichnete Zeit für eine kurze Spritztour an einen beliebigen Ort, der dich inspiriert. Wenn du gerne reitest oder Fahrrad fährst, dann gib dir jetzt Gelegenheit dazu. Gehe einfach in die freie Natur und verreise. Dies wird dir helfen, aus deiner Routine auszubrechen. Vielleicht eröffnet es dir auch eine neue Perspektive, bietet dir eine neue Chance oder gibt dir Gelegenheit zu einem Abenteuer. Wenn du dir jetzt eine Pause gönnst, wird es dir hinterher tatsächlich sehr viel besser gehen. Der Wind in deinen Haaren oder die Sonne auf deiner Haut – dieses Gefühl ist einfach unvergleichlich.

## 31. SEI SPONTAN

Wenn du viel zu tun hast, dich beeilen musst, im Stress steckst, dir Sorgen machst oder überfordert bist, verlierst du nur allzu leicht die einfachen Dinge aus den Augen, die dir Freude bereiten. Diese Karte ist eine deutliche Aufforderung, dir ein wenig Spaß zu gönnen. Entdecke durch Abenteuer und spontane Ereignisse deine Begeisterungsfähigkeit und Faszinationskraft wieder. Lasse dich erneut auf dein Leben ein und nimm deine Umgebung wahr. Mache dir wieder klar, wie wichtig es ist, das Leben in vollen Zügen zu genießen. Tue etwas allein deshalb, weil es dir Freude bereitet, und schaue, was das Leben dir zeigen will.

VERTRAUE DEINEM
VERSTÄNDNIS

# 32. VERTRAUE DEINEM VERSTÄNDNIS

Die Information, die du erhältst, ist verlässlich und trifft zu. Betrachte die Situation genau an, bevor du dich auf etwas einlässt. Du besitzt die notwendige Weitsicht und kannst klar erkennen, dass es hier um mehr geht, als es auf den ersten Blick den Anschein hat. Zur gegebenen Zeit wird sich alles zeigen. Du brauchst dir nichts zu beweisen. Sei geduldig und lasse den Dingen ihren Lauf. Vertraue deinen Beobachtungen und deinem Wissen – sie enthalten deine Wahrheit.

## 33. GEHE BEHUTSAM MIT DIR UM

Du machst gerade eine Zeit der Neugeburt durch, und neue Energie strömt auf dich ein. Knüpfe an die Lektionen an, die du bereits gelernt hast. Sie helfen dir bei den ersten Schritten. Achte darauf, wie du durch all das, was sich herausgestellt hat, gewachsen bist und dich verändert hast. Sammle Informationen auf deinem Weg und sei bereit für neue Abenteuer. Zurzeit sind alle Anzeichen positiv und deuten auf einen erfolgreichen Ausgang hin.

## 34. VERLETZLICHKEIT

Möglicherweise hast du gerade das Gefühl, du solltest dich
zurückziehen. Dies bietet dir die Möglichkeit, abzuwarten
und dich zu sammeln. Du benötigst etwas Ruhe und Erho-
lung. Vielleicht fühlst du dich sogar überfordert. Gönne dir
eine dringend notwendige Auszeit. Nimm deine Umgebung
bewusst wahr. Achte auf die Jahreszeiten und die Verände-
rungen, die sich in der Natur abspielen. Alles ist ständig in
Entwicklung begriffen. Denke an die Wolken, die du am
Himmel siehst. Sie sind immer in Bewegung, verändern sich
und formen sich neu. Lasse zu, dass du dich tiefer mit Mutter
Erde und der Natur verbindest. Stimme deinen Rhythmus auf
den Herzschlag der Erde ein und denke und fühle langsamer.
Vertraue darauf, dass alles gut geht. Überall um dich herum
gibt es Anzeichen, dass sich am Ende alles zum Guten fügen
wird. Schaue nur hin.

DER KRÖNENDE ABSCHLUSS
DEINER VISION

# 35. DER KRÖNENDE ABSCHLUSS DEINER VISION

Es ist Zeit, für deine Ziele und Träume konkret etwas zu tun. Sei flexibel und justiere dein Werk in seinen Details nach. Denke noch einmal gut über deine Wünsche nach und sorge dafür, dass deine Haltung und deine Überzeugungen im Einklang mit dem stehen, was du erreichen möchtest. Lasse alle Aspekte oder Eigenschaften los, die nicht mehr zu dem passen, was du bewerkstelligen willst.

## 36. INTUITION

Du hast ganz offensichtlich ein feines Gespür dafür, was funktionieren könnte. Dein schöpferischer Prozess gehört allein dir. Du fängst einfach an, und wie von Zauberhand fügt sich alles. Du hast großes Durchhaltevermögen und bist sehr fleißig. Hast du dir einmal etwas vorgenommen, gibst du nicht auf. Du bist ein Pionier und weißt anscheinend, was den Leuten gefällt. Du bist sehr vorausdenkend. Diese Karte führt dir wieder vor Augen, dass du eine innere Stimme hast, die dich führt – immer und überall. Schöpfe aus deiner Weisheit und erlaube dir diese höhere Perspektive.

## 37. IDEALE VORGEHENSWEISE

Wenn man ein neues Vorhaben plant, nimmt man sich leicht zu viel vor. Vereinfache deine Pläne. Male dir vor deinem inneren Auge deutlich aus, was du erreichen möchtest, und sorge dafür, dass du bei der Sache bleiben kannst. Vermeide Selbstsabotage oder anderes Verhalten, das dich auf Abwege bringt. Werde dir darüber klar, was du als Nächstes erreichen möchtest. Stelle dir dazu in Tagträumen und Visualisierungen genau vor, was dir Freude bereitet und dich inspiriert. Vertraue darauf, dass du dich gerade in einer wichtigen Phase befindest, die notwendig ist, um Orientierung und Klarheit zu bewahren.

## 38. LIEBE ANNEHMEN

Dieses Bild ist eine Darstellung der Harmonie zwischen den Gegensätzen, zwischen Männlichem und Weiblichem. Du besitzt die Fähigkeit, dir selbst und anderen großzügig Liebe zu schenken. Du musst dir darüber im Klaren sein, dass du jetzt ein vollständiges und vollkommenes Ganzes bist und das Leben anderer bereichern kannst. Liebe kann geschehen. Liebe ist die Wahrheit hinter allen Situationen. Liebe die Seele, die in dir verkörpert ist. verleihe der Liebe in deinem Leben stärker Ausdruck und lasse auch zu, dass du dich geliebt fühlst. Alles geschieht genau dann, wann es geschehen soll. In diesem Sinne soll alles, was geschieht, auch genau so geschehen. Du bringst ein helles Licht und Individualität in diese Welt.

39

KLARES BESTREBEN

## 39. KLARES BESTREBEN

Etwas, was du dir sehr wünschst, erfordert mehr Einsatz von dir – in körperlicher, emotionaler oder geistiger Hinsicht. Finde heraus, welches im Moment deine Bedürfnisse sind. Dann setze dich ernsthaft für dieses Ziel ein und sei bereit, die notwendige Zeit aufzubringen, damit es Wirklichkeit werden kann. Einsatz und Engagement tragen zur Verwirklichung deiner Ziele bei. Wenn du dich einmal entschieden hast, dann gib in allem, was du tust, dein Bestes. Dies eröffnet dir zahlreiche Möglichkeiten, deine Ziele in kürzester Zeit zu erreichen. Achte auf die Zeichen am Wege, denn die Natur wirkt zu deiner Unterstützung.

ERWEISE DEINE
UNTERSTÜTZUNG

40

# 40. ERWEISE DEINE UNTERSTÜTZUNG

Nimm dir die Zeit, einer Kollegin, einem Mitarbeiter, einem Familienangehörigen oder einer Freundin Mut zuzusprechen. Biete jemandem eine Schulter zum Anlehnen oder erledige Besorgungen für ihn. Sorge für einen geschützten Rahmen, so dass jemand über seine Sorgen und Gefühle sprechen kann, und sei eine gute Zuhörerin/ein guter Zuhörer. Springe ein und verschenke etwas von deiner Zeit. Fördere das Werk eines anderen. Freue dich mit jemandem über seinen Erfolg. Die gesamte Natur zeigt uns beständig, wie kostbar ein starkes Netzwerk ist. Die Bäume bieten vielen verschiedenen Bewohnern Behausung, Nahrung und Schutz. Wir sind eine Gemeinschaft, und wenn wir einander unterstützen, haben alle etwas davon.

## 41. SEI DIENSTFERTIG

Gib der Welt etwas zurück. Wenn wir zu gleichen Teilen geben und nehmen, können wir das Gleichgewicht wahren. Es gibt sehr viele Menschen, die unsere Dienste benötigen. Dienstfertigkeit kann etwas so Einfaches bedeuten wie ein freundliches Wort, eine aufgehaltene Tür oder die Beteiligung an einer Gemeinschaftsaktion. Orientiere dich an der Natur und ihrer Fähigkeit, stets genau das zur Verfügung zu stellen, was gerade gebraucht wird. Was du tust, um den Menschen in deiner Umgebung zu helfen, trägt zu der Energie bei, die notwendig ist, um der gesamten Menschheit zu helfen.

## 42. LASSE DIE LIEBE
## DEIN LEUCHTFEUER SEIN

Führe mit Liebe. Wenn du in eine neue Situation kommst, erblicke vor dir, wie die Liebe den Weg bahnt. Wenn es sich um eine angespannte Situation oder ein Arbeitsumfeld handelt, dann führe eine Visualisierungsübung aus: Fülle den ganzen Raum mit strahlender, wunderschöner Liebe zu allen Beteiligten, einschließlich dir selbst. Erkenne, was vor sich geht, und sei bereit, anders damit umzugehen. Die Kommunikation wird harmonisch verlaufen, und die Aussichten, dass du deine Vorstellungen tatsächlich verwirklichen kannst, verbessern sich. Konzentriere dich auf das Licht in deinem Inneren. Stelle dir vor, dass dieses Licht aus dir herausstrahlt. Durch dein inneres Licht kannst du die Welt mit neuen Augen sehen und an jedem Tag deines Lebens Neues lernen.

## 43. DIE LIEBE ZÄHLT

Es ist wichtig, wie du mit den Dingen umgehst. Es wird im Leben immer viele Herausforderungen und Lektionen geben, weil sie zu dieser Erfahrung nun einmal dazugehören. Entscheide dich dafür, aus allem, was dir begegnet, zu lernen. Mache dein Herz bereit, die unterschiedlichen Gefühle, die du vielleicht gerade empfindest, anzunehmen und zuzulassen. Überlege, was dich glücklich macht. Es ist an der Zeit, dass du dir einen Tag des Vergnügens zugestehst. Liebe, was du bist, und sei bereit, Liebe bedingungslos zu geben und zu empfangen.

SUCHE DAS SCHÖNE

## 44. SUCHE DAS SCHÖNE

Jetzt ist die Zeit, über die Liebe nachzusinnen und gezielt das Schöne zu suchen. Schaffe dir Erinnerungen. Nimm dir Zeit, deine Erlebnisse, Feste und besonderen Anlässe zu genießen. Die Erinnerung an glückliche Momente trägt dich. Suche nicht nur in der Welt um dich herum, sondern schaue auch in dein Inneres. Mache die liebevollen Eigenschaften ausfindig, die du an dir schätzt. Komme deiner eigenen Schönheit auf die Spur. Betrachte dich und deine Umwelt aus einem neuen Blickwinkel.

## 45. KOMME IN DEINE KRAFT

Der Moment ist gekommen, das Leben und alle Lebewesen zu achten und dich mit der Natur und den Geschöpfen der Erde in Einklang zu bringen. Schöpfe aus dem tiefen Quell des Mitgefühls, der für jeden, der deine Hilfe sucht, bereitwillig übersprudelt. Du wirst geführt, aktiv zur Beseitigung von Schwierigkeiten und zur Lösung von Problemen beizutragen. Sei empfänglich für die Führung, woher sie auch kommen mag. Wundere dich nicht, wenn du von unerwarteter Seite Hilfe erhältst. Sei aufmerksam für scheinbar zufällige Hinweise, die dich auf Gedanken und Ideen bringen, auf die du früher nicht gekommen wärest. Wenn du diese Zeichen erfasst hast, dann gehe ihnen sorgfältig und entschlossen nach. Die Wahrscheinlichkeit, dass sie sich auszahlen, ist äußerst hoch. Sobald du weißt, was du tun sollst, tue es.

## 46. DANKBARKEIT UND WERTSCHÄTZUNG

Erkenne die guten Eigenschaften in anderen und zeige ihnen offen deine Wertschätzung. Schreibe denen, die dir geholfen haben, ein paar Dankesworte. Wenn jemand ein Lob verdient hat, dann nimm dir die Zeit, einen Vorgesetzten oder Kollegen darüber zu informieren, damit die Betroffenen ihre angemessene Anerkennung erhalten. Die Natur geht stets verschwenderisch mit ihrer Schönheit um, damit wir uns an ihr erfreuen können. Einen Regenbogen zu sehen, ist ein Geschenk; und der Moment, in dem wir auf die Schönheit eines Regenbogens treffen, ist wie geschaffen dafür, dass wir für alle Geschenke in unserem Leben danken. Es ist wichtig, den positiven Strom der Dankbarkeit in Gang zu setzen, der einem anderen Freude bringen kann. Dadurch baust du nicht nur Stress ab, sondern du erzeugst auch Wohlwollen und Liebe in deinem Leben.

## 47. LACHEN

Lachen lockert verhärtete Energie auf. Es bringt die Dinge in Bewegung und entspannt dich. Lachen ist ein wirksames Gegenmittel gegen Stress, Schmerz und Konflikte. Wenn es darum geht, Körper und Geist wieder ins Gleichgewicht zu bringen, wirkt nichts schneller und zuverlässiger als ein herzhaftes Lachen. Humor erleichtert deine Bürde, verbindet dich mit anderen, erdet dich, fördert deine Konzentration und macht dich hellwach.

## 48. HOFFNUNG UND GLÜCK

Du bist in einer Zeit voller heilsamer Energie, neuer Fortschritte und Zufriedenheit angekommen. Du hast einen Punkt erreicht, an dem du feiern solltest. In dieser Phase ist die Energie günstig und fördert das Gefühl des „Gewinnens". Lasse Sorgen oder Herausforderungen aus der Vergangenheit in den Hintergrund treten und öffne dich für die Freude, die überall um dich herum herrscht. Lasse dich ermutigen und beflügeln von dem Potenzial all der wunderbaren Versprechen, die auch gehalten wurden. Feiere und genieße dein Leben.

STEIGERE DEINE VITALITÄT

# 49. STEIGERE DEINE VITALITÄT

Schöpfe aus den Tiefen deines Wesens und greife auf deine ureigene Kraft zurück. Wenn du glaubst, dass du wenig Energie hast, dann erfülle deinen Geist mit der Wärme des Sonnenlichtes und visualisiere, wie dieses helle Licht neue Energie in dich hineinstrahlt. Du hast Energiereserven, die du anzapfen kannst. Lasse zu, dass dieser Energieschub dich durchströmt. Knüpfe Verbindungen zu anderen oder tue etwas, was du liebst, damit du weiterhin die Veränderung herbeiführen kannst, nach der du suchst. Verbringe gemeinsame Stunden mit einer Freundin oder einem Freund. Lächle, lache und erlebe gegenseitige menschliche Nähe.

## 50. TOR ZU NEUEN MÖGLICHKEITEN

Ein neuer Weg oder Abschnitt tut sich vor dir auf. Es ist an der Zeit, dein Wissen anzuwenden und die anstehenden Aufgaben zu vollenden. Während du noch einen Aspekt deines Lebens abschließt, überlege dir bereits, was du als Nächstes tun möchtest. Dies gehört zu deinem Lebensweg – du veränderst und entwickelst dich ständig. Vielleicht verspürst du Zufriedenheit, Erfüllung und Stolz, weil du etwas erreicht hast. Produktivität und Anerkennung sind der Lohn deiner Mühen. Das Glück, das du hast, ist der Beweis dafür, dass du so viel Energie auf deinen Lebensweg verwendest, dass du alles erreichen kannst, was du dir nur wünschst.

# ÜBER DIE AUTORIN

Angela Hartfield ist Medium, international bekannte intuitive Lebensberaterin, Heilerin und Lehrerin sowie Reiki-Meisterin. Leidenschaftlich gern hilft sie Menschen, Zugang zur Führung durch Engel und das Universum zu finden.

Seit einer ersten Begegnung mit Engeln im Alter von vier Jahren kommuniziert Angela mit der geistigen Welt. Sie leitet den *Angelic Channeler Course* in Japan, Irland und Kanada und gibt Workshops in vielen Teilen der Welt, auch in ihrer Heimat Hawaii, wo sie unter anderem *Hawaiian Healing Journeys*, eine traditionelle Hawaiianische Heilweise, unterrichtet. Angela ist die Autorin des Karten-Sets *Angelic Whisper* (Engelsgeflüster) sowie des *Seelenpartner-Orakels*, in dem es um Liebesbeziehungen geht. Außerdem hat sie zwei Meditations-CDs entwickelt – *Finding Your Life Purpose: A Meditation with Archangel Raziel and the Humpback Whales* (Deine Lebensaufgabe finden: Eine Meditation mit Erzengel Raziel und den Buckelwalen) sowie *The Magical World of Fairies* (Die zauberhafte Welt der Feen).

Angela schreibt zu Hause in Kailua Kona auf Hawaii. Sie ist Mutter von vier großartigen Töchtern. Mit ihrem Mann Duke teilt sie die Begeisterung für Meer, Natur und Umwelt. Mehr über Angela erfährst du (auf Englisch) unter: www.angelahartfield.com

# ÜBER DIE KÜNSTLERIN

Josephine Wall wurde 1947 in Farnham, in der englischen Grafschaft Surrey, geboren. Schon von frühester Jugend an wusste sie, dass sie zur Künstlerin bestimmt war. Nach dem Abschluss des Art College fand sie ihre erste Anstellung in der Poole Pottery, wo sie die Sammlerstücke der mittlerweile berühmten Delphis-Kollektion bemalte. Ihre Bilder zeigen überwiegend fantastische Motive, beeinflusst von Künstlern wie Arthur Rackham, Magritte und Dali sowie inspiriert von der üppigen landschaftlichen Schönheit, die ihr Atelier in Wisteria College in England umgibt.

Josephine Wall ist nicht nur Malerin, sondern auch passionierte Bildhauerin. Außerdem fertigt sie Glasmalereien, Schmuck-Unikate sowie andere Kunstobjekte an.

Weitere Arbeiten von Josephine findest du auf ihrer Webseite: www.josephinewall.com.

**Angela Hartfield, Josephine Wall**

**Stille heilt – Das Heilungs-Orakel**

978-3-89427-836-6, Karten-Deck mit 50 Karten und Begleitbuch

Basierend auf den wunderschönen Gemälden von Josephine
Wall wurde dieses inspirierende Karten-Deck mit wegwei-
senden Heilungsbotschaften entwickelt. Jede Karte zeigt ein
Themenwort aus dem Bereich der Heilung, das eine Mitteilung
für die Seele enthält.

**Angela Hartfield, Josephine Wall**

**Das Seelenpartner-Orakel**
978-3-89427-630-0, Karten-Deck
mit 50 Karten und Begleitbuch

**Josephine Wall, Carolin Stern**
**Das Heilungsengel-Orakel**
978-3-89427-772-7, Karten-Deck
mit 50 Karten und Begleitbuch

**Angela Hartfield, Josephine Wall**

**Dankbarkeit**
978-3-89427-899-1, Karten-Deck
mit 55 Karten und Begleitbuch